KB197512

사전 서평단 평

초등학교 입학을 앞둔 도훈이, 이준이, 지우, 다함이는 초등학교에 대한 두려움이 커요. 어린이들이 낯선 장소에 대한 두려움이 있는 건 당연하죠. 그런데 선생님이신 도훈이 이모는 아이들에게 친숙한 어린이집과 유치원 이야기를 먼저 꺼내서 아이들 마음을 활짝 열고 시작해요. 예비소집일부터 학교의 모든 장소에 대해 숨은그림찾기, 미로 찾기 등의 미션을 수행하며 놀다 보면 학교에 대한 두려움은 사라지고, 학교에 가고 싶다는 생각이 들게 되겠죠. 전국의 예비 초등학교 어린이 여러분, 여기 소개된 것처럼 초등학교는 재미있는 곳이랍니다.

- 부천 중앙초 쇼콜라 샘, 교사 남미영

1학년 입학이 두려운 학생, 학부모, 1학년 담임이 어려운 선생님에게 딱 맞는 책! 학교생활 미리 보기로 두렵고 걱정되는 마음을 줄이고, 즐겁게 첫걸음을 내딛을 수 있다. 초등학교 입학, 적응, 활동의 A to Z까지 모두 담은 책!

- 1학년 담임만 10년째, 교사 양인성

초등학교 입학을 앞둔 어린이라면 부모님과 꼭 읽어야 하는 책! 이 정도만 알고 학교에 와도 학교는 금방 적응할 수 있어요. 입학을 앞두고 학교가 궁금하거나 두려운 친구들에게 적극 추천!

- 경복초 교사, 김세용

초1 담임! 고양이 효자손 같은 책을 만났다. 1학년 담임 교사를 하면서 아쉬웠던 부분을 꾹꾹이로 시원하게 눌러 주고 긁어 주는 귀한 책. 예비 초등, 초1 친구들의 학교 적응에 정말 도움이 될 책.

-《유튜브 하는 어린이》의 저자 파양초 교사, 박지숙

신나는 초등 입학 준비 놀이책

우리, 학교 가자!

친구, 선생님 편

우리, 학교 가자! 친구, 선생님 편

초판 1쇄 펴낸날 2024년 12월 20일

글 김수현 | **그림** 박종호 | **펴낸이** 홍지연

편집 고영완 전희선 조어진 이수진 김신애 | **디자인** 이정화 박태연 박해연 정든해
마케팅 강점원 최은 신예은 김가영 김동휘 | **경영지원** 정상희 여주현

펴낸곳 ㈜우리학교 | **출판등록** 제313-2009-26호(2009년 1월 5일) | **제조국** 대한민국
주소 04029 서울시 마포구 동교로 12안길 8 | **전화** 02-6012-6094 | **팩스** 02-6012-6092
홈페이지 www.woorischool.co.kr | **이메일** woorischool@naver.com

ⓒ 김수현, 2024
ISBN 979-11-6755-309-6 73370

• 책값은 뒤표지에 적혀 있습니다.
• 잘못된 책은 구입한 곳에서 바꾸어 드립니다.
• ⓚ KC마크는 이 제품이 공통안전기준에 적합하였음을 의미합니다.

만든 사람들
편집   고영완 이수진 탁산화
디자인   원상희

신나는 초등 입학 준비 놀이책

우리, 학교 가자!

친구, 선생님 편

김수현 글 ● 박종호 그림

우리학교&

차례

부모님께

학교! 우리 아이가 드디어 학교에 갑니다.

육아의 최종 목적이 '자녀의 분리, 자녀의 독립'이라는 말을 들어 보셨지요? 학교에 간다는 건 자녀가 독립하는 그 첫걸음을 의미합니다. 그렇기에 많은 부모님이 아이의 새로운 시작과 출발을 마음 다해 응원하면서도 떨리는 마음을 숨기지 못하지요. 직업이 초등교사인 저도 제 자녀가 초등학교 입학할 때는 막연한 긴장감이 찾아오던걸요. 우리 자녀가 좋은 친구들과 따뜻한 선생님을 만나, 행복한 교실에서 완벽한 하루를 보내고 오길 바라는 마음. 그 마음이 정말 간절했거든요.

우리 아이들도 내색하진 않지만, 어쩌면 많이 긴장하고 있을지 몰라요. 긴장되는 마음에 제일 필요한 것은 응원입니다. 그런데 무작정 건네는 응원은 와닿지 않아요. 마음 닿는 응원을 해 줘야 하지요.

엄마 아빠 어릴 적 초등학교 시절 이야기도 많이 해 주시고요, 요즘 학교는 더 좋아졌다며 아는 척도 많이 해 주세요. 그리고 함께 신기해하고, 함께 즐겨 주세요. 이 책을 아이들과 함께 보시면, 자연스럽게 그렇게 하실 수 있을 겁니다.

여러분의 초등학교는 어떠셨어요?

여러분의 좋았던 기억들을 아이들에게 많이 나눠 주세요.

이제 우리 아이들 차례입니다.

우리 아이들은 초등학교에서 여러분만큼이나 아니, 여러분보다 더욱 행복할 거예요. 자녀의 입학을 축하합니다!

김수현

이 책은 이렇게 활용해 주세요

1. 아이 혼자 읽게 두어도 됩니다. 아이가 이 책을 읽으며 재미를 느끼고, 요리조리 생각 구름을 마음껏 펼칠 수 있다면 방해하지 않는 것이 더 좋겠지요!

2. 하지만 아이가 질문을 한다면, 절대 귀찮아하지 마세요. 여러분의 초등학교 시절을 떠올리며, 행복한 대화를 많이 나누세요. 이 책은 여러분의 어린 시절과 아이를 절묘하게 이어 줄 거예요.

3. 정답은 없어요. 이 책 속 초등학교는 보편적인 학교의 모습이지만, 학교마다 상황과 여건이 다를 테니까요. 준비는 모름지기 즐겁고, 가볍고, 재밌고, 신나게 해야 해요. 그래야 실전도 내가 준비했던 그 모습 그대로 실현될 테니까요.

4. 첫 장부터 마지막 장까지 아기자기한 이야기가 담겨 있어요. 등장인물의 시선을 따라가 보세요. 마지막 장까지 포기하지 않고 끝까지 아이가 완주할 수 있게 도와주세요. 그리고 마지막 장을 덮었을 때, 우리 아이를 향한 칭찬도 잊지 마세요!

오늘은 내가
1등으로 밥 먹을 거야!

1등으로 밥 먹으면
뭐가 좋은데?

그야…. 기분이 좋지?

1등으로 밥 먹으면
왜 기분이 좋아?

8

음….

도훈이는 뭐든 빨리하잖아.

맞아, 도훈이는 빨라서 날다람쥐 같지. 히히.

내가 진짜 그런가?

아무튼 오늘 난 1등으로 밥 먹고 엄마 아빠 놀이할 거야!

나도!

나도 할래!

얘들아, 오늘은 내가
아빠 하면 안 될까?

내가 엄마!

나는 언니!

어허! 그럼 나처럼 밥을 빨리 먹고
"내가 아빠!"라고 외치란 말이야.

아하, 그래서 도훈이가 밥을
빨리 먹으려고 했구나?

아무튼 도훈이는 못 말려!

나는 천천히 먹고
남은 역할 할래.

음…. 난 빨리 먹을래!

도훈이는 빠르고

지우는 친절하고

다함이는 차분하고

이준이는 운동을 잘해.

우리는 서로에 대해 정말 잘 알고 있는 것 같아!

그런데 초등학교에 가면, 모르는 친구들이 많을 텐데 잘 지낼 수 있을까?

맞아. 새로운 선생님도 어색할 것 같아.

우리 이모한테 전화해서 물어보자!

뭐? 이번에는 새 친구, 새 선생님 때문에 고민이라고? 걱정 마. 이모가 있잖아!

다른 그림
찾기

선생님, 안녕하세요?

 아침에 등교해서 제일 먼저 만나는 어른은 선생님일 거야. 월요일부터
금요일까지 매일 만나도, 매일 인사해야겠지?

선생님께서 "사랑합니다~." 하고 인사하면
너희도 "사랑합니다." 하고 인사하면 된다옹!

우리 담임 선생님은 누굴까?

 담임 선생님은 1년 동안 교실을 든든하게 지키며 너희가 잘 적응하도록 도와주실 분이야. 칠판에 '선생님'이라고 써 볼까?

학교에는 어떤 선생님들이 계실까?

선 긋기

 그림과 선생님을 알맞게 선으로 이어 보자.

담임 선생님

교장 선생님

영양 선생님

보건 선생님

15

선생님은 학교에서 무슨 일을 할까?

 선생님은 하는 일이 정말 많대. 이 중에서 선생님이 학교에서 하는 일이 아닌 것을 찾아 세모 △ 표시해 보자.

16

우리 반 친구들이다!

교실 안에 여러 친구가 있네? 미로를 따라가다가 먼저 말 걸고 싶은 친구가 보이면 하트를 색칠하자.

동그라미
하기

 왜 그 친구에게 말을 걸고 싶었어?

나도 책을 좋아하거든!	같이 종이접기 하고 싶어.	예쁜 꽃을 좋아해.
보드게임이 재미있어 보여.	남자 친구랑 노는 것을 좋아하거든.	여자 친구랑 노는 것을 좋아하거든.
친구가 심심해 보여. 먼저 말을 걸고 싶어.	친구의 표정이 좋아 보여.	모두에게 한 번씩 말을 걸고 싶어.

여러 개 골라도 된다옹~.

친구에게 인사하자

친구에게 먼저 다가가 용기내서 인사하자.

친	구	야	.		안	녕	?	
이	름	이			뭐	야	?	
친	하	게			지	내	자	.
정	말		고	마	워	.		
네		덕	분	이	야	.		
내	일		보	자	!			

지금 바로 소리 내어
연습해 보자.

인사는 왜 해야 해?

 인사는 왜 해야 할까? 서로 인사하는 사람들이 어떤 표정일지 그려 볼래?

바른 인사말을 알려 줘!

 아무리 인사가 좋은 거라도, 아무 인사나 하면 안 된대. 그림에 맞는 인사말을 찾아 선으로 이어 볼래?

맛있게
먹겠습니다.

아, 피곤해요.

파이팅!

고마워.

또 오셨네요.

안녕?

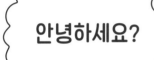

안녕하세요?

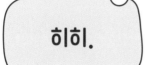

히히.

감사합니다.

친구랑 친해질 준비 됐어?

아직도 처음 만난 친구들과 친해지지 못할까 봐 걱정이야? 친구를
사귀는 방법은 모두 달라. 너는 어떤 스타일이니?

질문 1

☑ 처음 보는 친구에게 먼저 말을 걸어요.

질문 2

☐ 처음 보는 친구가 나에게 먼저 말을 걸면 좋겠어요.

질문 3

☐ 키즈 카페에서 모르는 친구와 이야기하지 않아요.

질문 4

☐ 놀이터에서 새 친구 만나는 일이 너무 신나요.

질문 5

☐ 친한 친구들과 노는 게 마음이 더 편안해요.

모두 달라도 친구가 될 수 있어

 똑같은 질문을 한 번 더 할게! 이번에는 친구 이름을 적어 봐.

질문 1 처음 보는 친구에게 먼저 말을 잘 거는 친구

_____

질문 2 처음 보는 친구가 먼저 말을 거는 것을 좋아하는 친구

_____

질문 3 키즈 카페에서 모르는 친구와 이야기하지 않는 친구

_____

질문 4 놀이터에서 새 친구 만나는 일을 좋아하는 친구

_____

질문 5 친한 친구들과 노는 것을 더 편안해하는 친구

_____

기억해요!

나와 비슷한 성격인 친구도 있고, 전혀 다른 성격인 친구도 있어요. 이것을 아는 것은 건강한 교우 관계의 첫걸음입니다. 모든 사람이 '나'와 같지 않다는 것을 지속적으로 자녀에게 알려 주세요.

인기 있는 친구? 바로 나!

인기 있는 친구가 되고 싶은데, 어떤 친구가 인기 있는지 모르겠어.
너희들은 어떤 친구에게 끌리니?

물건을 잘 빌려주는 친구	☆ ☆ ☆ ☆ ☆
내가 결석했을 때 걱정해 주는 친구	☆ ☆ ☆ ☆ ☆
그림 그리는 것을 도와주는 친구	☆ ☆ ☆ ☆ ☆
달리기가 느려 속상해할 때 괜찮다고 해 주는 친구	☆ ☆ ☆ ☆ ☆
같이 놀자고 먼저 말하는 친구	☆ ☆ ☆ ☆ ☆
간식을 나눠 먹는 친구	☆ ☆ ☆ ☆ ☆
규칙을 잘 지키는 친구	☆ ☆ ☆ ☆ ☆

어떤 친구에게 끌리는지는 모두가 달라.
넌 어떤 친구에게 별을 주었니?

운동장에서 인기 있는 친구는 누구일까?

29

급식실에서 인기 있는 친구는 누구일까?

교실에서 인기 있는 친구는 누구일까?

32

초등학교에도 좋은 선생님이 많아.
너무 속상해하지 마.

그런데요. 학교 선생님은 유치원
선생님이랑 많이 달라요?

비슷한 점도 있지만,
다른 점도 분명히 있지.

저, 비슷한 점은 알 것 같아요!
둘 다 선생님이라는 것?

초등학생이 되면
유치원 때보다 스스로 하는
일이 많아져야 해.

초등학교 선생님은
너희가 스스로 할 수 있도록
기회를 많이 주실 거야.

끄덕끄덕!

숨은그림
찾기

선생님이 아직 낯설어

 화장실에 가고 싶은데, 선생님께 말을 못 하겠어. 아직 선생님과 나는
친하지 않은걸……

찾을 물건
①머그컵 ②가위 ③포크 ④숟가락
⑤빗 ⑥지퍼 ⑦손톱깎이

선생님과 가까워지고 싶은데 방법을 모르겠다고옹?
선생님께 마음을 전해 보는 건 어떠냐옹? 예쁘게 접은 종이 꽃,
'선생님 최고예요!'라고 적은 쪽지는 어떻겠냐옹?

화장실 가고 싶어.

나는 이런 선생님이 좋아

 넌 어떤 선생님이 좋아? 좋아하는 선생님의 모습을 다섯 개 고르고,
1등부터 5등까지 순서대로 번호를 써 봐!

칭찬을 많이 하는 선생님

친절하게 설명하는 선생님

재미있는 선생님

환하게 웃는 선생님

운동을 잘하는 선생님

그림을 잘 그리는 선생님

똑똑한 선생님

이야기를 잘 들어주는 선생님

약속을 잘 지키는 선생님

선생님은 이런 어린이가 좋대

그런데 말이야, 선생님도 이런 어린이가 좋대. 나는 어떤 아이인지
스스로 확인해 볼래? 해당하는 만큼 별을 색칠해 봐.

인사를 잘해요.	☆☆☆☆☆
감사하다고 자주 말해요.	☆☆☆☆☆
사물함 정리를 잘해요.	☆☆☆☆☆
내가 버린 쓰레기가 아니어도 주워서 버려요.	☆☆☆☆☆
반짝이는 눈빛으로 집중을 잘해요.	☆☆☆☆☆
어려운 일도 최선을 다해요.	☆☆☆☆☆
포기하지 않고 끝까지 해내요.	☆☆☆☆☆

이렇게 말해 보자

 선생님은 어떤 말을 좋아하실까? 선생님이 좋아하실 말에 색칠해 보자.

이런 행동, 해도 될까?

선생님께 비싼 선물을 드리면 좋아하실 거야.

한가한 일요일에 선생님께 전화를 드리면 좋아하실 거야!

내가 도울 일이 있는지 선생님께 여쭤보면 좋아하실 거야!

이럴 땐 어떡해? 1

이모! 저, 질문 있어요.

뭔데?

우리 삼촌 초등학교 1학년 때 선생님이 무지하게 무서웠대요!

별명이 호랑이 선생님이었대요.

정말?

제가 잘 까먹는데, 준비물을 두고 와서 선생님께 혼날까 봐 걱정이에요. 그럴 땐 어떡해야 해요?

이럴 땐 이렇게 해 봐! 1

 간단해! 짝한테 빌리면 되지. 안 빌려줄까 봐 걱정이야? 그래서 물건을 빌릴 때도 예절이 필요해. 그림에서 알맞은 말을 골라 봐.

이럴 땐 어떡해? 2

준비물을 빌려준 친구한테 어떻게 보답할 건데?

어? 글쎄요….

아! 다음번에 친구가 준비물을 안 가져왔을 때 빌려주면 돼요.

그렇지!

만약 빌려주고 싶지 않은데 친구가 빌려 달라고 조르면 어떡할래?

어…어쩔 수 없지요.

네 준비물밖에 없는데 빌려 달라고 하면?

아! 이모~ 너무 어려워요!

동그라미
하기

안 빌려줄 수는 없고, 빌려주긴 싫고. 이럴 때는 어떡하는 게 좋을까?

선생님,
얘가 자꾸 제
색종이를 달래요!

안 된다고 몇 번을
말해!

민지야, 미안해.
나도 하나뿐이야.
같이 다른 친구에게
빌려 보자.

이럴 땐 어떡해? 3

이모! 저도 질문이 있어요.

다함이는 뭐가 궁금할까?

그게요. 저… 그러니까요. 사실은요.

다함아, 괜찮아. 천천히 말해 봐.

저는 눈물이 너무 자주 나요.

그럴 수도 있지 뭐.

새 친구들이랑 놀다가 눈물을 흘리면, 친구들이 절 싫어하지 않을까요? 학교에서 자꾸 눈물이 나오면 어떡해요?

동그라미 하기

오늘 학급 문고에서 내가 고른 책을 짝꿍이 먼저 가져가서 속상했어.
이럴 때 눈물이 안 나오면 좋겠는데, 좋은 방법이 없을까?

힝~!
속상하지만
친구가 일부러
그런 건 아니니까
다른 책을 읽으면서
눈물을 참을래.

눈물이
나오는 걸
어떻게 참아!
친구도 내 속상한
마음을 알아야 해.

내가
크게 울면
친구가 미안해서
책을 나에게 양보하지
않을까?

학급문고

이럴 땐 어떡해? 4

이모! 저도 질문 있어요.

그래, 말해 보렴.

엄마가 친구랑 싸우면 먼저 사과하는 게 좋다고 했거든요?

응. 그런데?

그런데 친구가 정말 잘못했을 수도 있잖아요.

맞아. 그럴 수 있지.

미안하지도 않고, 친구가 분명히 잘못했는데도 내가 먼저 사과하는 게 좋은 거예요?

이럴 땐 이렇게 해 봐! 4

 친구가 내 물건을 몰래 숨기는 장난을 쳤어. 돌려 달라고 했더니 왜 소리치냐고 화를 내네. 이럴 땐 어떻게 말해야 해?

먼저 미안하다고 하지 않으면 절대 친구 안 해!

크게 소리친 건 미안해. 그런데 너도 내 물건을 숨긴 건 사과하면 좋겠어.

그냥 모두 다 내 잘못이야.

친구랑 싸웠어 1

 이준이가 그린 그림 속에 얼굴 표정이 빠져 있네. 너희가 이준이의 그림을 마저 완성해 줄래?

친구에게 사과하자

 지우에게 미안한 마음이 생겼어. 뭐라고 말해야 할까? 나와 함께
그림일기를 완성해 줘.

	지	우	랑		싸	웠	다	.		사
과	하	고		싶	다	.		내	일	
"				.”	라	고			말	해
야	겠	다	.							

친구랑 싸웠어 2

 내 그림 속 이준이는 어떤 표정을 짓고 있을까? 맨 뒤로 가서 어울리는 이준이 얼굴을 가져와 붙여 볼래?

친구를 용서해

 나는 이준이에게 뭐라고 말했을까? 나와 함께 그림일기를 완성해 줘.

이	준	이	가		미	안	하	다	고
했	다	.	나	는	"				.
앞	으	로		더	친	하	게		지
내	자	."	라	고		말	했	다	.

보기 ①화가 나 ②배고파 ③괜찮아 ④행복해

친구를 이기고 싶어

찾을 물건
① 돋보기 ② 스프링 공책 ③ 크레파스
④ 연필 ⑤ 마스크

파랑 바통 친구는 지금 어떤 마음일까?
① 아쉬운 마음 ② 행복한 마음 ③ 이기고 싶은 마음 ④ 보람찬 마음

📝 **기억해요!**

자녀에게 왜 그런 마음을 골랐는지 물어보세요. 그리고 우리 아이는 언제 그런 마음이 들었는지 대화해 보세요.

축하해 주는 용기

 최선을 다했지만 친구가 이겼네. 이럴 때는 어떤 말을 해야 할까?

흥! 잘난 척하지 마.
나도 빨리 달릴 수 있었는데
봐준 거야!

정말 빠르다!
나도 열심히 연습해서
다음엔 꼭 이길 거야.
축하해!

이기고 싶은 건 나쁜 마음이 아니라옹. 이기려고 노력하면서
더 잘할 수 있다냥. 그런데 친구가 나보다 더 잘했다면
인정하고 축하해 주자옹!

친구를 도와줄래

 도서실 풍경이야. 서로 다른 곳 네 군데를 찾아봐.

친구를 도와줄 때는 '내가 도와줄까?'라고 먼저 꼭 물어보자.
어쩌면 친구가 혼자서 해내고 싶을 수도 있으니까!

사다리
타기

선생님, 도와주세요

 선생님의 도움이 반드시 필요한 때도 있어. 어떤 상황일까?

몸이 아파요.

쉬는 시간에
화장실에 가지
못했어요.

친구가 자꾸 괴롭혀요.

친구의 잘못된 점을 선생님이
바로잡아야 하는 때도 있어요.

선생님께 이야기하고
보건실에 가야 해요.

수업 중이라도 화장실이
급하다면 꼭 말해야 해요!

선생님! 이건 제가 해 볼게요

 우리가 스스로 할 수 있는 일도 있어. 누가 누가 잘하고 있는지 하트를
붙여 볼래?

학교 끝나고 친구랑 만났어

집으로 가는 길에 친구들을 만났어. 어떤 말을 해야 할까?

지우야, 우리 학교 끝났으니까 같이 놀자!

❶ 친구니까 반갑게 인사해야지!

❷ 이 친구랑은 아직 어색해. 그냥 지나가야지!

안녕!

❶ 좋지! 어디서 놀까?

❷ 좋지! 그런데 부모님께 먼저 허락을 받을게!

우리 좀 더 놀자!

❶ 그래! 너무 재밌다! 더 놀자!

❷ 아쉽지만 약속한 시간이 됐으니 집에 가자.

다녀왔습니다!

친구네 놀러 가는 길이야. 어떻게 행동해야 할까?

안녕!

❶ 나도 같이 반갑게 인사한다.

❷ 수줍으니 고개를 돌린다.

어디 가는 길이야?

❶ "비밀이야!"라고 새침하게 말한다.

❷ "서진이네 집에 놀러 가는 길이야."라고 말한다.

어서 와!

❶ "안녕하세요! 이준이입니다!"라고 인사한다.

❷ 빨리 놀아야 하니까 우다다다 들어간다.

❶ 침대에 올라가 폴짝폴짝 뛴다.

❷ 가지고 논 장난감을 잘 정리한다.

친구를 초대하고 싶어

친구와 우리 집에서 놀고 싶어. 어떻게 초대해야 할까?

초대장을 만들자

 며칠 뒤에 내 생일인데, 친구들을 초대하고 싶어. 나와 같이 예쁘게 초대장을 꾸며 줄래?

초대합니다

(   ) 야, 안녕?

내 생일 파티에 너를 초대하고 싶어.

꼭 와 줄 거지?

―지우가―

생일 파티 하는 날

 지우의 생일 파티 현장이야. 무엇을 선물할까? 맨 뒤에 가서 마음에
드는 선물을 가져와 붙여 봐.

친구를 칭찬할래

 친구를 칭찬하고 싶을 때, 어떻게 말해야 할까? 친구에게 어울리는 칭찬 메시지를 붙여 보자.

그림을 정말 잘 그리는구나. 대단해!

모두 함께하자

 친구들이 모여서 큰 동그라미를 만들었네. 한 명의 친구만 빼놓고.
동그라미 밖에 있는 친구는 어떤 기분일까? 표정을 그려 봐.

이번에는 어떤 표정일까?

너희들은 어떤 내용이 제일 기억에 남았니?

저는 인기 있는 친구요!

저는 미로 찾기가 가장 재미있었어요!

다음에는 어떤 이야기를 들려주실 거예요?

미리 살짝 이야기해 줄까? 학교와 수업에 대한 이야기야.

와! 우리 다음 책에서도 꼭 다시 만나요!

우 정 상

_____ 유치원 / 어린이집

_____

위 어린이는 <우리, 학교 가자!> 친구, 선생님 편을
처음부터 끝까지 최선을 다해 읽고
좋은 친구, 바른 학생이 되기로 결심했기에
이 상장을 주어 칭찬합니다.

202_년 _____월 _____일

우리학교 출판사

새로운 단체 생활을 시작할 때 가장 고민되는 것이 바로 관계입니다. 정확히 말하면 '인간관계'이지요. 저는 초등학교 1학년 때부터 초등교사로서 20여 년 가까이 일하는 지금까지 학교를 계속 다니고 있는 사람인데도, 새 학교에 처음으로 출근하는 날에는 긴장되는 마음을 숨길 수가 없답니다.

교사인 저도 이렇게 떨리고 긴장되는데, 아이들은 어떨까요? 아이들이 정확한 말로 표현하지 못해서 그렇지, 아이들도 제법 많이 긴장합니다.

'나와 함께 지내게 될 친구들은 누굴까?'

'우리 반 담임 선생님은 어떤 분일까?'

하고 말이죠. 이 책이 새로운 시작을 앞둔 아이들에게 마음의 짐을 덜어 주고, 기대감과 설렘을 얹어 줄 수 있으면 좋겠습니다.

아이들을 응원하는 마음을 담아 환한 미소를 지어 주세요.

입학을 축하합니다!

초등교사 김수현

12-13

15

18

16-17

22-23

28-29

30-31

32-33

36-37

40-41

43

45

47

49

50-51

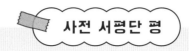

- 학교에 가면 책에서 봤던 장소를 찾아볼래요!_7세 유*린

- 초등학교, 별거 아니네~!_7세 서*성

- 등교 걱정보단 잘해 낼 수 있는 용기를 얻을 것 같아요!_이경선 님 자녀

- 학교가 재미있을 거 같아요._조은빛 님 자녀

- 학교에 대해 알게 되어서 좋아요._박은선 님 자녀

- 학교 적응이 조금 쉬울 것 같아요._7세 진*빈

- 1학년의 시작이 너무 기다려져요!_7세 한*아

- 너무 재미있어서 학교 가는 날이 더 기다려져요._7세 조*율

- 그림이 귀엽고, 놀이가 많아서 좋아요. 책에 있는 활동 하는 시간이 즐거웠어요._7세 장*준

- 엄마, 나 얼른 학교 가고 싶어요!_이*린, 김*준, 김지은 님 자녀 외 다수

- 쓰기, 그리기, 미로 찾기, 숨은그림찾기가 같이 있어서 재미있고 입학 준비에 도움이 될 것
  같아요~._이성림 님 자녀

- 〈우리, 학교 가자!〉 시리즈 하나면 초등학교 적응 끝!_이경선 예비 초등 엄마

- 책을 한 번 펼치면 다 할 때까지 아이는 책을 안 덮을 겁니다._정재은(7세 서*성 엄마)

- 아이가 직접 그림을 보면서 따라 하고 배우니 더 유용했습니다!_김다영(7세 장*준 엄마)

- 두려웠던 마음을 변화시켜 준 마법의 책입니다._조은영(7세 소*이 엄마)

- 초등 생활을 설명하기가 막막했는데 이 책 보며 아이랑 대화할 수 있었어요.
  _주은지(7세 유*린 엄마)

- 학교에 가기 전 여러 번 읽고 가면 입학 후에도 걱정 없을 것 같아요._유소영 학부모

- 무엇이든 책으로 알려 주는데, 이 책은 아이가 유익하고 재미있어했어요.
  _이혜선(7세 조*율 엄마)

- 아이만큼 저도 재미있게 보았습니다._이성림(예비 초등 엄마)